Bibliografische Information der Deutschen Nationalbibliothek:

Die Deutsche Bibliothek verzeichnet diese Publikation in der Deutschen National-
bibliografie; detaillierte bibliografische Daten sind im Internet über http://dnb.d-
nb.de/ abrufbar.

Dieses Werk sowie alle darin enthaltenen einzelnen Beiträge und Abbildungen
sind urheberrechtlich geschützt. Jede Verwertung, die nicht ausdrücklich vom
Urheberrechtsschutz zugelassen ist, bedarf der vorherigen Zustimmung des Verla-
ges. Das gilt insbesondere für Vervielfältigungen, Bearbeitungen, Übersetzungen,
Mikroverfilmungen, Auswertungen durch Datenbanken und für die Einspeicherung
und Verarbeitung in elektronische Systeme. Alle Rechte, auch die des auszugsweisen
Nachdrucks, der fotomechanischen Wiedergabe (einschließlich Mikrokopie) sowie
der Auswertung durch Datenbanken oder ähnliche Einrichtungen, vorbehalten.

Impressum:

Copyright © 2009 GRIN Verlag, Open Publishing GmbH
Druck und Bindung: Books on Demand GmbH, Norderstedt Germany
ISBN: 9783668371484

Dieses Buch bei GRIN:

http://www.grin.com/de/e-book/350705/entzieht-sich-die-udhr-durch-einberaumung-
der-artikel-18-und-27-selbst

Anna Scheithauer

Entzieht sich die UDHR durch Einberaumung der Artikel 18 und 27 selbst ihren Anspruch auf den universalen Gültigkeitsbereich der Menschenrechte?

Eine Aufarbeitung anhand des Islams

GRIN Verlag

GRIN - Your knowledge has value

Der GRIN Verlag publiziert seit 1998 wissenschaftliche Arbeiten von Studenten, Hochschullehrern und anderen Akademikern als eBook und gedrucktes Buch. Die Verlagswebsite www.grin.com ist die ideale Plattform zur Veröffentlichung von Hausarbeiten, Abschlussarbeiten, wissenschaftlichen Aufsätzen, Dissertationen und Fachbüchern.

Besuchen Sie uns im Internet:

http://www.grin.com/

http://www.facebook.com/grincom

http://www.twitter.com/grin_com

Internationale Menschenrechte

Entzieht sich die UDHR durch Einberaumung der Artikel 18 und 27 selbst ihren Anspruch auf den universalen Gültigkeitsbereich der Menschenrechte?

Eine Aufarbeitung anhand des Beispiels Islam

Anna Scheithauer

Wien, Dezember 2009

Inhaltsübersicht

Einleitung

Als Ausgangsbasis für den universalen im Kontrast zum religions- und kulturrelativistischen Menschrechtsdiskurs in der nachfolgenden Aufarbeitung dient das Globalisierungsphänomen mit seinen zunehmenden Migrationsströmen, die häufig zu einem Aufeinanderprallen vieler unterschiedlicher Kulturen führen. Speziell die Konfrontation der morgenländischen mit der abendländischen Kultur steht oft im Zeichen des Konflikts und ist gesellschaftspolitisch speziell in Westeuropa aufgrund der verstärkten Immigration muslimisch Gläubiger und daher auch des allmählichen Wachstums der Muslimen Gemeinschaft in Europa, relevant. Der Focus darf hierbei aber nicht nur auf innerstaatliches eingeschränkt werden, sondern muss sich besonders auch auf die globale Reichweite interstaatlicher Interdependenz richten, wodurch, wie Kant damals bereits erkannt hat, "[...] die Rechtsverletzung an einem Platz der Erde an allen gefühlt wird [...]". (Bielefeld, 2004, S. 10)

Unter Anbetracht der Relevanz zum globalen Menschrechtsverständnis, soll das Forschungsexposé in dieser Hinsicht eine Analyse zur jeweiligen Auffassung der universalistischen und der kulturrelativistischen Perspektive verkörpern, wobei überprüft werden soll, ob sich diese beiden Auffassungen tatsächlich einer Exklusivität erfreuen, die ein gemeinsames einheitliches Bestreben ausschließt. Dabei soll das Spektrum der kulturrelativistischen Argumentation im Verlauf der Arbeit auf jene des Islams eingegrenzt werden, um auch ein spezifisches Beispiel etwas detailreicher dem Universalitätsprinzip gegenüberstellen zu können. Insbesondere sollen die Universal Declaration of Human Rights und die Cairo Declaration of Human Rights, welche Ausdruck der traditionellen oder auch fundamentalistischen Ausübung des Islams ist, als Basisliteratur zur Aufarbeitung des jeweiligen Menschrechtsverständnisses dienen.

Die entscheidenste Frage, und daher auch zentrales Element des Forschungsexposés, die durch die Argumentation letztendlich aufgeklärt werden soll, ist jene, ob sich die UDHR selbst die Basis zur Universalität durch Einberaumung des Rechts auf Kultur und der Religionsfreiheit entzieht, oder ob diese als eigentliche Voraussetzung für Universalität zu betrachten sind. Die Beantwortung dieser Frage soll speziell in der Konklusion nachgegangen werden und somit Resultat der Aufarbeitung sein.

Universalität und/oder kultureller Pluralismus

Wie bereits aus der Einleitung entnommen werden konnte, liegt die Problematik im Menschenrechtsdiskurs in der Unakzeptanz des universalen Geltungsanspruchs der Menschenrechte von Seiten der kulturellen Relativisten, der seinen Ausdruck in Artikel 1 der UDHR "All human beings are born free and equal in dignity and rights. [...]" und Artikel 2 mit folgenden Worten findet: "Everyone is entiteled to all the rights and freedoms set forth in this Declaration, without any distinction of any kind such as race, colour, sex, language, religion, political or other opinion, national or social origin, porperty, birth or other status" (1948, UDHR; S. 72), und in der Weigerung der Universalisten anzuerkennen, dass aufgrund kulturspezifische Elemente keine globale Konformität mit dem Universalitätsprinzip herrschen kann. (2007, Sutter)

Vertreter des kulturellen Relativismus verstehen die Universalität der Menschrechte als kulturellen Imperialismus durch die Auferlegung westlicher Werte, wie beispielsweise die Favorisierung des Individualismus gegenüber dem Kollektivismus, die Gleichheit aller Menschen, die Religionsfreiheit, udgl., die als Produkt der Aufklärung hervorgingen. Die Antwort der Universalisten darauf bezieht sich auf die Entstehungsgeschichte der UDHR – nämlich damit ein zweiter imperialistischer Nationalsozialismus mit seine Folgen des Holocausts nicht wieder möglich wird – und auch auf das Gleichheitsprinzip der Menschenrechte, wobei der Imperialismus hierfür das absolute Gegenprinzip wäre, das gegen das Recht auf Freiheit und somit auch auf das Recht der Selbstbestimmung verstoßen würde. (Freeman, 2002, S. 102-104)

Nun beruft sich der kulturelle Relativismus aber auch darauf, dass bestimmte kulturelle Aspekte, die oft in Tradition verankert sind, inkompatible mit der Menschrechtsinterpretation der Vereinten Nationen wären. (Freeman, 2002, S. 102-103) Es stellt sich nun die Frage, ob Artikel 27/(1) der UDHR – "Everyone has the right freely to participate in the cutlural life of the community, [...]" (1948, UDHR, S. 76), einen Widerspruch zur universalen Gültigkeit der Menschenrechte verkörpert. An dieser Stelle wird argumentiert, dass der Universalismus kulturelle Diversität sehr wohl anerkennt, indem er darauf beharrt, dass bestimmte gleiche moralische Gebote in allen Kulturen zur Geltung kommen und, dass die universalen Prinzipien der Menschenrechtsdeklaration anhand des eigenen kulturellen Verständnisses interpretiert und dementsprechend

4

kulturgerecht implementiert werden sollen. Weiters wird erläutert, dass der kulturelle Relativismus oft die Schwachen einer Kultur benachteiligt (zB Ausschluss der Frauen aus dem öffentlichen Leben) und zum Schutz von repressiven Eliten als Argument hervorgebracht wird. Daher ist globale Gültigkeit der Menschenrechte unabdingbar für den Schutz der Schwachen, sowie für die vollständige Ausübung der eigenen Kultur. (Freeman, 2002, S. 104-110) Eine zusätzliche Feststellung liefert Gregor Paul indem er feststellt, dass Tradition nicht unbedingt im Widerspruch zu den internationalen Menschenrechten stehen muss, da Kulturen in sich heterogen sind. Er folgert daher: "Konsequenter oder radikaler Traditionalismus schließt einen pragmatischen oder performativen Selbst-Widerspruch ein; denn jeder Traditionalist weicht selbst von Früherem ab. Sonst müsste er noch leben wie die ersten Menschen." (Paul, 2003, S. 4)

Es lassen die vorangehenden Paragraphen also eine eindeutige Relativierung der kulturrelativistischen Argumentationsweise erkennen. Nun muss aber erwähnt werden, dass soweit der Religion, welche immer auch Teil einer Kulturausübung ist, wenig Beachtung geschenkt wurde. Fügt man diesen Aspekt hinzu, erhöht sich der Komplexitätsgrad der eigentlichen Problematik im Menschenrechtsdiskurs. Die Universal Declaration of Human Rights verlautbart stolz in Artikel 18 "Everyone has the right to freedom of thought, conscience and religion; this includes freedom to change his religion or belief, and freedom, either alone or in community with others and in public or private, to manifest his religion or belief in teaching, practice, worship and observance." (1948, UDHR, S. 74)

Somit kann auch hier das Universalitätsprinzip in Frage gestellt werden, da die meisten Religionen mit den Menschenrechten nicht kompatibel sind, speziell in Hinsicht auf die Gleichstellung von Mann und Frau, sowie auf die Freiheit zur Konvertierung. (Gustafson, 1999, S. 32) An dieser Stelle kann argumentiert werden, dass die meisten abstimmenden Staaten mit einem Ergebnis von 27:5 aber dennoch für die Einberaumung dieses Artikels stimmten und in ihm daher als nichts Konträres verstanden. (Lerner, 2006, S. 14) Die Kompatibilität kann auch mittels Thomas Jeffersons Worten gut widergespiegelt werden: "[]...humans have "certain inalienable rights" because our divine Creator has "endowed" us with them." (Gustafson, 1999, S. ix) und Henkins Vorschlag "one hast to justify human rights by some contemporary universal version of natural law, whether religious or secular, by appeal to a common moral intuition of human dignity." (Gustafson, 1999,

S. 4) Es gilt demnach auch zu hinterfragen ob zur Anerkennung von Artikel 18 einzig und allein ein säkulares Verständnis notwendig ist, denn speziell vom Islam kommt der UDHR die Kritik zu, dass diese ein säkulares Konzept darstelle, dass seine Ursprünge im Juden- und Christentum findet und daher nicht kompatibel mit der Islamischen Shari'ah (=Gesetz) sei. (Littman, 1999, S. 1)

Der Islam und die Menschenrechte

Speziell dem Islam kommt im Menschrechtsdiskurs besondere Aufmerksamkeit zu, da wohl keine andere Gemeinschaft in ihrer selbst von extremen Kontrasten des Menschrechtsverständnisses so geprägt zu sein scheint. Zunächst erstaunt es natürlich, dass obwohl islamische Staaten an der Gestaltung der UDHR mitwirkten (Saudi-Arabien war das einzige Land, das sich gegen bestimmte Prinzipien wandte!), im Nachhinein Stimmen laut werden, die sich ausdrücklich gegen die Anerkennung der internationalen Menschrechte richten. (Mayer, 1991, S. 13) Dies lässt sich dadurch erklären, dass es innerhalb des Islams zwei verschiedene Lesarten gibt, nämlich eine traditionelle und eine moderne. (Nirumand, 2003, S. 2) Die erstere beruft sich auf die Koranischen Verse von Medina, welche sich gegen die Gleichheit von Mann & Frau, Muslime & Nicht-Muslime, sich gegen jegliche Religionsfreiheit richtet und die zeitlose Gültigkeit des Korans favorisiert, während die moderne Version – sich stützend auf die Koranischen Verse von Mekka – an die Gleichheit aller Menschen, sowie an die Religionsfreiheit plädiert und sehr wohl anerkennt, dass der vierte Bereich des Korans - jener des islamischen Gesetzes - an die Zeit und das sich verändernde Gemeinwesen angepasst werden muss. (Khan, 2002, S.12) Wohlmerklich sei hier erwähnt, dass die Shari'ah, welche das Strafrecht, Handelsrecht und Individualrecht umfasst, nur zwei Prozent der Verse des Korans betreffen, aber ihr dennoch solch eine große Bedeutung beigemessen wird, dass sie die Spaltung einer religiösen Gemeinschaft vermag. (Nirumand, 2003,)

Vor allem nachdem die Arabische Charter die internationalen Menschenrechte anerkannte, antwortete die Organisation der Islamischen Konferenz (OIC), welche den Zusammenschluss islamischer Staaten in Pakistan 1974 verkörpert, mit der Cairo Declaration on Human Rights in Islam. (Alpögger, 2001, S.2) Diese sieht alle Rechte als von Gott gegebene Rechte an, die folglich in Einklang mit der Shari'ah stehen müssen. Auch proklamiert sie, dass die islamische Umma (= muslimische Weltgemeinschaft) als die von Gott beste Nation geschaffen wurde. (CD, 1990) Sowie Universalitätsprinzip, als auch das Gleichheitsprinzip werden dementsprechend durch die Islamisierung der Menschenrechte für nichtig erklärt (Lerner, 2006, S. 76-77), während gleichzeitig ein Verstoß gegen internationales Gesetz, dem sich alle Länder durch ihren UN-Beitritt verpflichten, durch alleinige Anerkennung der Shari'ah als absolutes Gesetz offensichtlich wird. (Gustafsonr, 1999, S. 179) Geht man nun vom internationalen Gesetz aus, dass zugleich auch Gesetz der Nation sein sollte, ist zudem anzumerken, dass dieses keine Theorie zur Einschränkung von Menschenrechten, speziell nicht aufgrund von Religion, vorsieht. Dementsprechend kann die Limitierung der Menschenrechte aufgrund von Shari'ah Prinzipien in der internationalen Gemeinschaft auch nicht als legitim anerkannt werden. (Mayer, 1991, S. 77)

An dieser Stelle angelangt soll sogleich auf die Kairo Deklaration und ihre Begrenzung der internationalen Menschenrechte näher eingegangen werden, um die sich widersprüchlichen Wertvorstellungen des Universalismus und des islamischen kulturellen Relativismus zu veranschaulichen. Vorweggenommen werden muss, dass die Kairo Deklaration als fundamentalistisches Beispiel dient, welche eine Übereinstimmung mit universalen Prinzipien von vornherein ausschließt, was allerdings nicht unbedingt für kulturrelativistische Ansichten verallgemeinert werden darf, da nicht alle in radikalen Ausprägungen verwurzelt sind.

Wie bereits erwähnt begründet die Deklaration der OIC die Menschrechte religiös und verstößt somit gegen den universalen Gültigkeitsbereich, den die UDHR propagiert. Vertreter des Islams antworten allerdings darauf, dass "jeder Mensch von Geburt an Muslim sein und dieser Religion angehört, wenn er nicht durch die Erziehung seiner Umgebung zum Juden oder Christen wird, denn der "Islam ist eine Naturanlage, Fitra, mit der nach muslimischer Auffassung der Mensch geboren wird." (Schirrmacher, 2008) Zieht man nun allerdings eine solche Umerziehung in Betracht, dann kann demnach trotzdem geschlussfolgert werden, dass die Andersgläubigen und auch Atheisten nicht die gleichen Rechte genießen und demnach sich das Universalitätsprinzip als ungültig erweist. (Schirrmacher, 2008) Das Gleichheitsprinzip wird also im Bezug auf Nicht-Muslime nicht anerkannt. Die Kairo Deklaration drückt sich damit auch mit Artikel 10 vehement gegen die Religionsfreiheit und den Atheismus aus. (CD, 1990)

Gegen das Gleichheitsprinzip verstößt die Deklaration auch durch Gewährung unterschiedlicher Rechte für die beiden Geschlechter, denn laut Artikel 6 seien Mann und Frau nur hinsichtlich ihrer Würde gleich, nicht so in ihren Rechten. Die patriachale Ordnung wird geschützt, das Recht auf Scheidung wird einzig und allein dem Mann zugesprochen, Ehebruch von Seitens der Ehefrau wird Shari'ah-gerecht bestraft. (Mayer, 1991, S. 115). Weiters limitiert Artikel 5 die Partnerwahl insbesondere für Frauen durch folgendes Statement: "Men and women have the right to marriage, and no restrictions stemming from race, colour or nationality shall prevent them from enjoying this right." (CD, 1990,) Dementsprechend darf ein Eheschluss mit einem andersgläubigen Partner nicht eingegangen werden, womit wiederum gegen die Religionsfreiheit plädiert wird.

Ein großes Hindernis nicht nur für die Universalitäts- und Gleichheitsprinzipien, sondern auch für die Entwicklung der islamischen Gesellschaft stellt die Absolutsetzung der Shari'ah dar, welche körperliche Züchtigung, sowie die Todesstrafe legitimiert – darunter fallen die so genannten hadd-Delikte, zu denen unter anderem "[...] "illegaler" Geschlechtsverkehr, Alkoholismus und Apostasie zählen." (Petersohn) - und als einzige und alleinige Bezugsquelle für die islamischen Menschenrechte genannt wird. (Freeman, 2002, S. 113) Als Beispiel kann Artikel 16 der Kairo Deklaration angeführt werden, der sich für "[...] scientific, literary, artistic or technical production [...]" ausdrückt, "[...] provided that such production is not contrary to the principles of Shari'ah". (CD, 1990) Genauso beschränkt Artikel 22 das Recht auf Meinungsfreiheit und Pressefreiheit auf Notwendigkeit zur Konformität mit den Prinzipien der Shari'ah. (CD, 1990) Somit wird jegliches Recht auf Selbstkritik entzogen, welches insofern aber für die Entwicklung und den Fortschritt einer Gesellschaft absolut unerlässlich ist. Kurzum wird jeder Artikel durch Artikel 24 auf die Übereinstimmung mit Shari'ah konformen Normen beschränkt.

Weiters muss erwähnt werden, dass in Islamischen Gemeinschaften kommunale Solidarität und die Rechte der Mehrheit über die Rechte des einzelnen gestellt werden. Somit wird auch das Bedürfnis des Rechtsschutzes des Individuums speziell gegen den Staat, welches zentrales Anliegen der UDHR ist, im Islam als irrelevant abgestempelt. (Mayer, 1991, S. 61-63) Zum Problem wird auch die fehlende Konkretisierung der islamischen Menschenrechte. Laut Schirrmacher liegt ein Grund dafür auf jeden Fall " [...] in der Tatsache, dass es "die Scharia" als kodifiziertes Gesetzbuch, als fest umrissenen und eindeutig definierten Kanon von Gesetzen ja gar nicht gibt, sondern nur eine Vielzahl von Interpretationen von Texten des Korans und der Überlieferung durch maßgebliche Theologen, vor allem aus der Zeit bis zum 10. Jahrhundert n. Chr., der normativen Periode zur Entstehung des islamischen Rechts." (Schirrmacher, 2008, S. 3) Zusätzlich muss noch erwähnt werden, dass die Betonung im Islam mehr auf der Pflichtausübung als auf der Rechtsgewährung liegt! (Mayer, 1991, S. 59)

Die fortschreitende Islamisierung mittels Unterstützung darauf abgerichteter Staatspolitik wendet sich somit gegen das aus dem Westen stammende Konzept universal gültiger Menschenrechte und kann auch als eine Ursache für die Annahme, die Akzeptanz der UDHR würde neoimperialistische Folgen mit sich bringen gesehen werden. Argumentiert wird diese Befürchtung hauptsächlich mit dem Hinweis auf die "double standards" des Westens in Bezug auf internationale Beziehungen und Bestrebungen. (Mayer, 1991, S. 6) Daher wird vor allem die Dekolonialisierung der legislativen Sphäre islamischer Staaten, die sich gegen die unter Kolonialherrschaft eingeführten Gesetzesmodelle des Westens richten, sowie die Wiedereinführung indigener islamischer Modelle, propagiert. (Mayer, 1991, S. 56) Problematisch ist dies deshalb, da auch die Säkularisierung als westliches Konzept betrachtet wird, die anscheinend, wie anhand der obigen Aufarbeitung zu erkennen ist, doch sehr wesentlich für die Implementierung der Allgemeinen Deklaration der Menschenrechte wäre. Denn es scheint ganz, als ob ohne Trennung von Religion und Politik, sowie ohne Demokratieverständnis das Ziel eines universal gültigen Menschenrechtsverständnisses in weite Ferne rückt.

Dabei ist das Verständnis vieler Muslimen, dass die Säkularisierung gegen die Religion gerichtet ist und somit das Heranwachsen einer ungläubigen Bevölkerung begünstigen würde, als wesentlichstes Hindernis zu betrachten. Diese Ansicht relativiert An-Na'im allerdings dadurch, dass Säkularisierung und Religion sich gegenseitiger Unterstützung erfreuen würden. Dies legt er folgendermaßen dar: "Secularism needs religion to provide a widely accepted source of moral guidance fort he political community, as well as to help satisfy and discipline the nonpolitical needs of believers within that community." Und umgekehrt: "Religion needs secularism to mediate relations between different communities (whether religious or antireligious or nonreligious) that share the same political space." (An-Na'im, 2005, S. 66)

Konklusion

Ob sich die UDHR selbst die Basis des universellen Gültigkeitsanspruches durch Einberaumung von Artikel 18 und 27 entzieht, oder ob diese als eigentliche Voraussetzung für Universalität zu betrachten sind, ist daher nicht durch ein Entweder-Oder, sondern nur durch ein Sowohl-Als-Auch zu beantworten, je nachdem unter welchen Aspekten beziehungsweise Voraussetzungen diese ausgelegt werden. In diesem Sinne ist eine demokratische und säkularisierte Ausgangsbasis einer zum Fundamentalismus neigenden gegenüberzustellen.

Wie bereits zu Beginn des Forschungsexposés ersichtlich ist können kulturrelativistische Argumente, sofern man den Bereich der Religion ausklammert, weitgehend im Namen des Universalismus relativiert werden. Betrachtet man Kultur allerdings in ihrer Gesamteinheit, also inklusive der Religionssphäre, muss, wie im Islam, die moderne Auslegung von der traditionalistischen unterschieden werden, wobei Vertreter der ersteren zumeist von Vertretern der letzteren als Verräter der eigenen Kultur bezeichnet werden. (Mayer, 2001, S. 15) Dementsprechend kann gefolgert werden, dass unter Anbetracht der modernen Religiösen, für die Demokratie und Säkularisierung keine Hindernisse darstellen, Artikel 18 und 27 keine Gegenprinzipien zur Universalität darstellen. Dies ist aber sehr wohl der Fall, wenn die Religionsausübung von traditionalistischen/fundamentalistischen Elementen geprägt ist, welche eine höhere Moral die über jede Religion hinausgeht – zB die Gleichheit aller Menschen -, vehement ablehnt.

Im Allgemeinen muss die Wichtigkeit eines globalen Menschenrechtsverständnisses in einer Welt hoher staatlicher Interdependenz und Verflechtung immer wieder hervorgehoben werden. Dementsprechend essentiell ist es durch kulturellen Dialog aufzuzeigen, dass Menschenrechtsverletzungen selbst mit der eigenen Kultur und Religion inkompatibel sind, um eine Selbstemanzipation fundamentalistisch geprägter Staaten erreichen zu können. (Freeman, 2002, S. 112-113) Im Sinne von Hammarskjold muss eine spirituelle Philosophie geschaffen werden, die über jegliche Religionen hinausgeht und dennoch mit diesen identifizierbar ist, um ein friedvolles Zusammenleben aller Gruppen zu ermöglichen. (Muzaffar, 2002, S. 118) Denn "Menschrechte sind weder

christlich, noch europäisch, noch islamisch. Sie sind universal oder sie sind nicht."
(Frankfurter Rundschau, 2009, S. 2)

Bibliographie

Alpögger, Monika. "Menschenrechte und Islam" United Nations - Golobal View, Dezember 2001, http://afa.at/globalview/122001/uno6.html (16.12.2009)

An-Na'im, Abdullahi Ahmed. "The Interdependence of Religion, Secularism, and Human Rights – Prospects for Islamic Societies", Common Knowledge, Volume 11, Issue 1, Winter 2005, Duke University Press

Bielefeldt, Heiner. "Universale Menschenrechte angesichts der Pluralität der Kulturen", Referat für das ai-Aktionsnetz Heilberufe, Mai 2004, http://www.humanrights.ch/home/upload/pdf/070108_bielefeldt_universalitaet.pdf (22.12.2009)

Frankfurter Rundschau. "Es kann keine muslimischen Menschenrechte geben", 30. Oktober 2006, http://www.fr-online.de/in_und_ausland/politik/dokumentation/?em_cnt=999893& (22.12.2009)

Freeman, Michael. "Human Rights – An interdisciplinary approach", Polity Press in association with Blackwell Publishing Ltd., UK, 2002

General Assembly of the UN. "The Universal Declaration of Human Rights", 1948, http://daccess-dds-ny.un.org/doc/RESOLUTION/GEN/NR0/043/88/IMG/NR004388.pdf?OpenElement (19.12.2009)

Gustafson Caffie, Juviler Peter. "Religion and Human Rights – Competing Claims?", M.E. Sharpe, Inc., New York, 1999

Lerner, Natan. "Religion, Secular Beliefs and Human Rights – 25 Years after the 1981 Declaration", Koninklijke Brill NV, Leiden, The Netherlands, 2006

Littman, David. "Universal Human Rights and "Human Rights in Islam"", Journal Midstream, New York, Februar/März 1999, http://www.dhimmi.org/Islam.html (22.12.2009)

Mayer, Ann Elizabeth. "Islam and Human Rights", Westview Press, Inc. Colorado/USA, 1991

Muzaffar, Chandra. "Rights, Religion and Reform", RoutledgeCurzon, London, 2002

Nirumand, Bahman. "Anpassung an zeitgemäße Lesarten des Islam", Quantara.de – Dialog mit der islamischen Welt, 2003, http://de.qantara.de/webcom/show_article.php/_c-272/_nr-8/i.html (19.12.2009)

Nirumand, Bahman. "Islam und Menschenrechte – ein Dauerkonflikt?", Neue Züricher Zeitung, 5. November 2003

Organisation of Islamic Conference (OIC). "Cairo Declaration on Human Rights in Islam", 1990, http://www.unhcr.org/refworld/publisher,ARAB,,,3ae6b3822c,0.html (16.12.2009)

Paul, Gregor. "Argumente gegen den Kulturalismus in der Menschenrechtsfrage" Information Philosophie im Internet, Nr. 5/2003, http://www.humanrights.ch/home/upload/pdf/070108_paul_universalitaet.pdf (22.12.2009)

Petersohn, Alexandra. "Ist das Verständnis der Menschenrechte im Islam mit dem UN-Menschenrechtsverständnis kompatibel?", IGFM, http://www.igfm.de/Gottes-Recht-versus-Menschen-Recht.484.0.html (22.12.2009)

Schirrmacher, Christine. "Islamische Menschenrechtserklärungen und ihre Kritiker - Einwände von Muslimen und Nichtmuslimen gegen die Allgültigkeit der Scharia - Die Bedeutung der Menschenrechtsdiskussion", IGFM, 2008, http://www.igfm.de/Islamische-Menschenrechtserklaerungen-und-ihre-Kritiker-Eiwaen.1035.0.html (19.12.2009)

Sutter, Alex. "Was heisst «Universalität der Menschenrechte»?", Büro Transkultur, 2007, http://www.humanrights.ch/home/de/Themendossiers/Universalitaet/Bedeutung/content .html (16.12.2009)

BEI GRIN MACHT SICH IHR WISSEN BEZAHLT

- Wir veröffentlichen Ihre Hausarbeit,
  Bachelor- und Masterarbeit

- Ihr eigenes eBook und Buch -
  weltweit in allen wichtigen Shops

- Verdienen Sie an jedem Verkauf

Jetzt bei www.GRIN.com hochladen und kostenlos publizieren